脱・初心者を目指す

Windows 活用法

～もう一歩踏み込んだ、「遠隔操作」「仮想マシン」「システム保守と高速化」～

仮想マシン

アンインストール

高速化

はじめに

　"パソコンの土台"とも言える「Windows」(OS：オペレーションシステム)は、ユーザーが利用するアプリを起動するためのシステムであり、ユーザーがWindowsを意識することは、あまりありません。

　とくに初心者レベルでは、Windowsの標準ツールや機能を使うことは、あまりないでしょう。

　しかし実際には、小回りがきく多くの機能や、市販ソフト顔負けのツールが満載なのです。

＊

　本書では、「遠隔操作」「仮想マシン」「システムの保守」「高速化」「動画作成」などを中心に、Windowsがもつツールや機能を紹介しています。

　初心者レベルからは、もう1歩踏み込んだ使い方になるので、少し難しく感じるかもしれませんが、これらを使いこなせれば、初心者から抜け出すことができます。

＊

　Windowsを深く知るチャンスです。Windowsがもつ知られざるツールや機能を使って、ぜひともWindows達人を目指してください。

I/O編集部

脱・初心者を目指すWindows活用法

～もう一歩踏み込んだ、「遠隔操作」「仮想マシン」「システム保守と高速化」～

CONTENTS

第1章

仮想マシンの作成
〜 「VirtualBox/Hyper-V」ではじめる仮想マシン〜

新たなPCを準備して「Linux環境」を準備するのは面倒ですし、「クラウド環境」はネットがないと使えません。

ところが、CPUの「仮想化機能」があれば、「Windows11」上で、簡単に「仮想マシン」が作れます。

*

手元のWindows上で「仮想マシン」が動けば、「Linux環境」や「テスト環境」を手早く用意して、学習に使ったり、ちょっとしたテストもできてしまいます。

*

ここでは、「Windows11」上で「仮想マシン」を作る2つの方法を紹介します。

1-1　　身近になった「仮想マシン」

「仮想マシン」プラットフォーム

クラウド環境でシステムを作るときに、「仮想マシン」や「仮想ドライブ」を作り、システム構築することは当たり前になっています。

一昔前であれば、仮想環境を導入するには多くのシステムに関する知識が必要でした。しかし、今では、Windowsの標準機能として組み込まれ、簡単に作成や活用ができるようになりました。

＊

Windows11では、要件を満たせばウィザードを辿るだけで、「仮想マシン」をPC上に作れます。

まずは、「仮想マシン」の作成に必要な、「仮想マシン・プラットフォーム」から見てみましょう。

「仮想マシン」プラットフォームの比較

「Windows11」における「仮想マシン・プラットフォーム」には、**(A)**「Hyper-V」を使う方法と、**(B)**「Virtual Box」や「VMWare」のようなサードパーティのソフトウェアを使う方法があります。

＊

それぞれの特徴をまとめると、**表1-1**のようになります。

ここでは、無償で利用できる「VirtualBox」と「Hyper-V」を使って、「仮想マシン」を作ります。

表1-1　プラットフォームの比較

プラットフォーム	Hyper-V	VirtualBox	VMWare
開発元	Microsoft	オープンソース(Oracle)	VMWare
ホストOS	Win Pro以上（Home不可）	Win Home/Pro両方可	Win Home/Pro両方可
費用	無料	個人利用は無料	有償（仮想マシン実行のみ可能なPlayerは無償）
導入方法	コントロールパネルから導入	パッケージとして導入	パッケージとして導入

導入前に「仮想化機能」の有無を確認

導入を始める前に、「Intel VT」や「AMD-V(SVM)」と呼ばれる、CPUの「仮想化機能」を有効にしておきましょう。

この機能がないと、「仮想マシン・プラットフォーム」が動作しません。

*

「仮想化機能が有効かどうか」は、「タスクマネージャ」から確認できます。

タスクマネージャを起動して「パフォーマンス」タブを開き、「CPU」を選択して「詳細情報」を表示させます。

*

図1-1のように、右下に「仮想化」の項目が「有効」と表示されていれば、問題ありません。

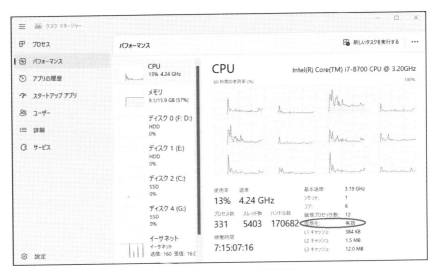

図1-1 タスクマネージャの確認箇所

*

もし、お持ちのCPUが仮想化機能をサポートしているのに、"無効"と表示されている場合は、「UEFI(BIOS)」の設定で「仮想化機能」が"無効"になっている場合があります。

　その場合は、「UEFI(BIOS)」の設定から、「仮想化機能」を"有効"にしておきます。

1-2　「VirtualBox」で「Ubuntu」を動かしてみる

「VirtualBox」のインストール

　まずは、「VirtualBox」をインストールする手順です。

[手順]

[1]「VirtualBox」の最新版は、VirtualBoxのサイト（https://www.virtualbox.org/）からダウンロードできます。

　ダウンロードするのは「VirtualBox platform packages」の「windows hosts」バイナリ（VirtualBox本体）と「Oracle VM VirtualBox Extension Pack」（追加機能パック）の2つです。

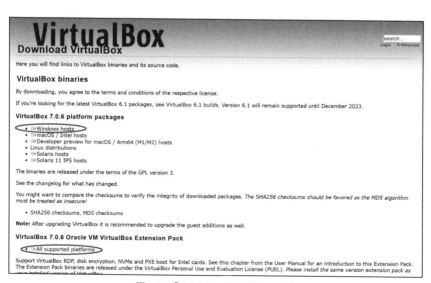

図1-2　「VirtualBox」のダウンロード

[2] ダウンロードが完了したら、バイナリを実行して（管理者権限が必要）導入を進めます。

　途中ネットワーク・ドライバを導入する関係でネットワークが切断されてしまうため、ダウンロードなどが完了してから導入を始めましょう。

＊

[3] 導入が完了して、「VirtualBox」を起動すると「VirtualBox マネージャー」が表示されます。

＊

　ここですぐに「仮想マシンの作成」といきたいところですが、その前に「Oracle VM VirtualBox Extension Pack」を導入します。

　こちらを導入することで、「ディスクの暗号化」や「Web カメラ」が使えるようになるなどの機能を追加できます。

[手順]

[1] 先ほど一緒にダウンロードした「.vbox-extpack」拡張子のファイルをダブルクリックしてください。

[2] 確認のダイアログが表示されるので、「インストール」をクリックし、その後表示されるライセンスを確認して「同意」してください。

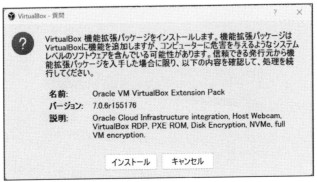

図1-3　VirtualBox 拡張パックの導入

＊

　以上の作業で、「拡張パック」が導入されます。

＊

　「拡張パック」の導入状態の確認や削除は、メニューの「ファイル」→「ツール」→「Extention Pack Manager」から確認できます。

＊

　これで「VirtualBox」の準備が整いました。

　それでは、「仮想マシン」の作成に進みましょう。

「Ubuntu」のダウンロード

　ここで作成する「仮想マシン」には、「Ubuntu Desktop」を導入することにします。

[手順]

[1]まずは導入用の「ISOイメージ」を公式サイトからダウンロードしましょう。

　Ubuntuのサイト（https://ubuntu.com/download/desktop）にアクセスして、今回は「Ubuntu 22.04.2 LTS」のISOイメージをダウンロードしてください。

　5GB弱のファイルサイズがあるので、コーヒーでも入れながら気長に待ちましょう。

図1-4　「Ubuntu」のダウンロード

ダウンロードが完了したら、次のステップに進みます。

「仮想マシン」の作成

それでは準備が整ったので、「仮想マシン」を作ります。

＊

[2]メニューの「仮想マシン」→「新規」を選択し、仮想マシンの作成ウィザードを開きます。

[3]「名前」に適当な仮想マシン名を入力して（ここでは、「MonthlyIO-Ubuntu」としています）、「ISO Image」に先ほどダウンロードしたUbuntuのISOイメージを指定します。

すると、「ISOイメージ」の内容が自動的に認識され、タイプが「Linux」、「バージョン」が「Ubuntu(64-bit)」と設定されたことが確認できますので、次に進みます。

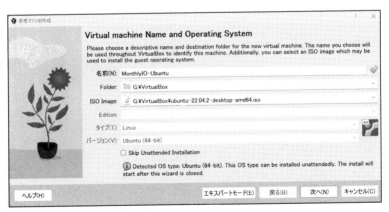

図1-5 ISOイメージの指定

[4]「ISOイメージ」を無事に認識していると、「VirtualBox」は自動的に「Ubuntu」の導入作業を実行します。

　「Username and Password」にデフォルト値が入力されていますが、ここをご自身で決めた内容に変更してください。

　また、「Guest Additions」のチェックを "ON" にしておきましょう。
　(これをチェックすることで、ホスト環境と統合する機能が利用できます。)

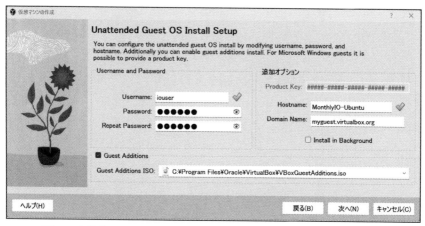

図1-6　自動導入のオプション設定画面 (Guest Additions のチェックを忘れずに)

[5]「メモリ」と「プロセッサ数」の設定です。
　　　　　　　　　　　　＊
　ホストとなるPCが搭載している「メモリ量」と「CUプロセッサ数」が、最大値となります。

　しかし、最大値を設定してしまうと、「仮想マシン」がホストPCのリソースまで消費してしまい問題が起こるため、通常はホストPCのリソースの半分以下で「仮想マシン」を動かすのが適切です。

　ただし、「Ubuntu」の導入時にはCPUを「2プロセッサ」以上で設定しておかないと、エラーが発生してしまい、インストールが途中で止まってしまいます。

そこでここでは、「メモリ2GB」「プロセッサ2CPU」に設定して、次に進みます。

[6]「仮想マシン」が使う「仮想ハードディスク」の設定をします。

ここで設定する「仮想ハードディスク」は、ホストからは1つのファイルとして見えます。

デフォルトは「25GB」となっていますが、「仮想マシン」で実際に使っていない容量分は、ホスト上でも消費されないので安心して進めてください。

[7] その後のウィザードを進めると、自動的に「仮想マシン」が起動され、「Ubuntu」の導入が始まります。

＊

導入が終わるまで、触らずに放置しておきましょう。

しばらくして導入が完了し、「Ubuntu」のログイン画面になったら、「仮想マシン」の作成は完了です。

図1-7 「VirtualBox」で「Ubuntu」がシームレスに動作

　「Guest Additions」が正しく導入されていれば、ウィンドウサイズの変更やシームレスにマウスが使えるようになるため、通常のWindowsのアプリケーションのように「Ubuntu」を使うことができます。

1-3　「Hyper-V」で「Ubuntu」を動かしてみる

「Hyper-V」の導入

　最初に説明したように、「Hyper-V」はWindows11 Professional以上のエディションで導入可能な、「仮想マシン」の実行プラットフォームです。

　Windowsの1コンポーネントとして提供されているため、導入はコントロールパネルから行ないます。

[手順]

[1]まず、スタートメニューから「設定」を開き、左メニューから「アプリ」を選択します。

[2]一覧から、「オプション機能」を選択して、いちばん下までスクロールして、「関連設定」のカテゴリにある「Windowsのその他の機能」を選択すると、下の「Windowsの機能の有効化または無効化」ダイアログボックスが表示されます。

　もしくは、スタートメニューの検索機能で「Windowsの機能の有効化または無効化」を検索して、実行しても同様のコントロールパネルにたどり着けます。

図1-8 コントロールパネルから「Hyper-V」を導入

[3] ここで、「Hyper-V」にチェックを入れて「OK」をクリックすると、「Hyper-V」が導入されます。

[4]「カテゴリ詳細」を開くと「Hyper-Vプラットフォーム」「Hyper-V管理ツール」など表示されますが、すべてチェックを入れて導入してください。

「仮想マシン」の作成

[手順]
[1] 導入が完了したら、スタートメニューから「Hyper-V クイック作成」を起動します。

　スタートメニューに見つからない場合には、「Windows ツール」の中にあるので、探してみましょう。

[2]「クイック作成ウィザード」からは、「仮想マシン」として、「Ubuntu」や「Windows開発環境」(利用期限付きのテスト用環境)が選択できます。

　導入したい環境を選択してウィザードを進めると、導入イメージのダウンロードから導入まで一気に自動で進めてくれるので、「VirtualBox」よりもお手軽ですね。

図1-9　クイック作成ウィザード

　デフォルトの設定では「導入イメージ」と「仮想マシン・イメージ」が、どちらもCドライブ上(書類フォルダの「Hyper-V」フォルダ内)に作成されるため、ディスク容量に余裕があることを確認しておきます。

[3]導入が完了したら、「接続」をクリックして、「仮想マシン」の操作に移ります。

[4]「仮想マシン」が起動されていないというメッセージが表示されているので、「起動」をクリックしてください。

[5]初回の起動時には、「Ubuntu」のシステム設定ウィザードが表示されるので、「言語」「キーボードレイアウト」「ロケーション」をそれぞれ設定し、最後に「ユーザー名」と「パスワード」を設定したら、「仮想マシン」のセットアップ完了です。

*

2回目以降の接続時に、「xrdp」の接続画面になってしまう場合は、このままではうまくログインできません。

図1-10の矢印の箇所のアイコンから、「基本セッション」を選んで切り替えてください。

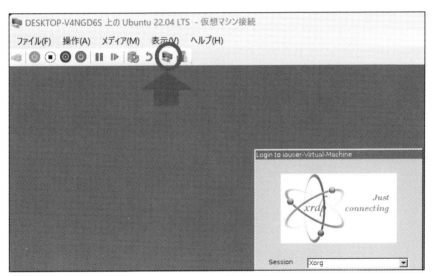

図1-10 セッションの切り替え

*

以上で、Hyper-V上に「Ubuntu」が導入できました。

「VirtualBox」と「Hyper-V」のどちらも、とても簡単に「仮想マシン」が作れることが実感できたでしょうか。

＊

「仮想マシン」は、万が一壊して起動しなくなったとしても、削除して再導入すればよいだけなので、ぜひ、いろいろと試してみてください。

1-4 「仮想ドライブ」の使い方

ここからは、Windows11の標準機能である、「仮想ドライブ」機能について説明します。

＊

「仮想ドライブ」機能は、「CPUの仮想化機能」がなくても利用できます。

「仮想マシン」の導入で使った「ISO形式」の「イメージファイル」は、実はエクスプローラーから直接ディスクのように使うことができます。

＊

やり方は簡単で、「ISO形式」の「イメージファイル」を選択して右クリックすると、メニューに「マウント」が表示されます。

マウントを実行すると、「セキュリティの警告ダイアログ」が表示されるので、確認して「開く」をクリックすると、「DVDドライブ」としてエクスプローラーに表示されます。

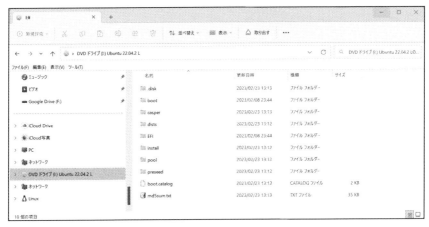

図1-11 「仮想ドライブ」のマウント

　これで普通のDVDドライブと同様にファイルにアクセスできますが、読み込みのみで、書き込みはできません。

＊

　使い終わったら、ドライブの上で右クリックメニューを出し、「取り出す」を選択することで、アンマウントできます。

第2章

PCを遠隔操作して便利に使う
～自宅のPCを外出先から操作～

■大澤文孝

ネット環境が充実した結果、今では、
「外出先」から「自宅」や「会社」のPCを
操作できるようにもなりました。
　いったい、どうすれば実現できるのか、
その方法を説明します。

2-1　「リモートデスクトップ」の基本

Windowsには、標準で遠隔操作するためのツールがあります。
それが、「リモートデスクトップ」です。

ただし、リモートデスクトップは、Windowsの「Pro版」のみの機能で、「Home版」では利用できません。

「リモートデスクトップ」を準備する

リモートデスクトップを使えるようにするには、[コントロールパネル]の[システム]から、リモートデスクトップの項目を"オン"にします（図2-1）。

"オン"にすると、特定のユーザー（画面の[リモートデスクトップユーザー]で選択したユーザー）が、リモートでログインして作業できるようになります。

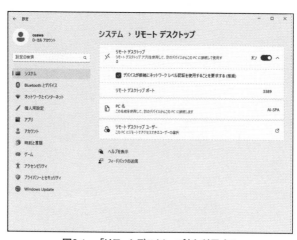

図2-1　「リモートデスクトップ」を利用する

「ファイアウォール」を構成する

図2-1にも表記がありますが、リモートデスクトップは、ポート番号「3389」で通信します。

セキュリティ対策ソフトで、この通信を許可する設定をします（図2-2）。

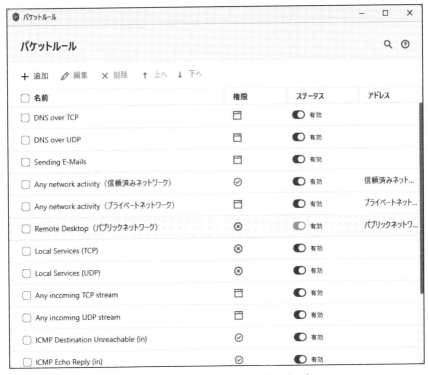

図2-2 セキュリティ対策ソフトで通信を許可する

「リモートデスクトップ」で接続する

　このように準備したPCに接続するには、「リモートデスクトップ接続」のツールを使います。

　接続先を尋ねられたら、接続先のPCの「名前」や「IPアドレス」を入力して接続します（**図2-3**）。

　接続すると、接続先のPCの画面がウィンドウで表示され、そのウィンドウの中で、遠隔操作できるようになります。

図2-3　リモートデスクトップ接続ツール

「リモートデスクトップ」での操作

リモートデスクトップで接続しているあいだ、そのPCのメインのユーザーは、自動でログオフします。

つまり、「そのPCに接続されたディスプレイやマウス・キーボード」と「遠隔操作」とで、同時に操作できるのではなく、リモートデスクトップで接続中は、前者は自動でログオフする動作になります。

＊

リモートデスクトップ接続中の操作は、ふだんのPCと同じです。

ただし、[Ctl] + [Alt] + [Del] の操作や、画面キャプチャのときの [Print Screen] ボタンの操作など、一部の操作は異なります。

こうした特殊キーの操作については、リモートデスクトップのヘルプ画面から確認できます。

「コピペ」や「印刷」、「音」にも対応

リモートデスクトップ接続の際のオプションは、**図2-3**の画面で変更できます。

「解像度」や「色数」の変更もできるので、回線の速度が充分ではないときも、調整すれば、快適に使えるようになります。

＊

また、音をリモートからではなくて、接続しているPCから出したり、リモートではなく自分のPCに接続されているプリンタから印刷したりすることもできます。

＊

そして、「接続先」と「自分のPC」とでの、コピペ操作もできます。

テキストや画像のコピペはもちろん、ファイルのコピペもできるので、接続先と自分のPC間のファイル転送も可能です。

スマホでもリモート接続

リモートデスクトップのソフトは、PC用のものだけでなく、スマホ用のアプリ「Remote Desktop」もあります（**図2-4**）。

スマホ用アプリを使えば、スマホから遠隔で自分のPCに遠隔操作して操作できます。

スマホにはマウスが付いていないですし、キーボードもありません。

そのため、画面をドラッグしての操作だったり、ソフトウェアキーボードからの入力だったりして、少し操作がしにくいところもありますが、経験上、短時間の作業なら、大きな問題になりません。

外出先で「あるファイルを忘れた」とか「あのファイルの内容を見たい」というような場合に、とても重宝するはずです。

もちろん、スマホにマウスやキーボードを接続することもできますから、そうした使い方をすれば、PCとほぼ同等の操作感を実現できます。

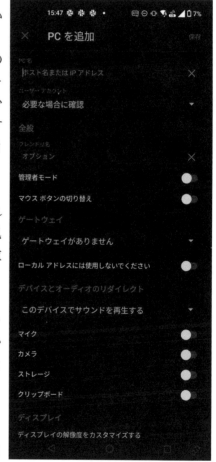

図2-4　スマホ用アプリ「Remote Desktop」

2-2　インターネットから、どうやって接続する？

　さて今、「外出先でファイルを忘れたときに、スマホでアクセスすればいい」といった趣旨の話をしましたが、残念ながら、インターネットからの接続には、少し工夫が必要です。

　なぜなら、次の2つの問題があるからです（**図2-5**）。

①接続先が固定化されない問題

　インターネットから接続する場合、**図2-3**の接続画面で、接続先として、どのような「IPアドレス」（コンピュータ名）を入力すればよいのかという問題があります。

　自宅などでインターネットに接続する場合、その「IPアドレス」は、適宜、変更される「動的IP」の契約であることがほとんどです。

　そのため、外出先から、自宅のPCに接続する際、その「IPアドレス」が不明瞭です。

　「IPアドレス」は、「あなたの情報（確認くん）」（https://www.ugtop.com/spill.shtml）などのサイトで調べられますが、外出前に調べても、外出先で接続しようとしたときには、すでに「IPアドレス」が変わっていて、接続できないこともありえます。

②ルータの問題

　家庭内では、多くの場合、ルータを使って接続しており、ルータより下の部分には、インターネット側から接続できないように構成されています。

通るようにしたいのであれば、「ポートフォワード」などと呼ばれる設定をして、リモートデスクトップ接続で使用しているポート「3389」を転送する設定が必要です。

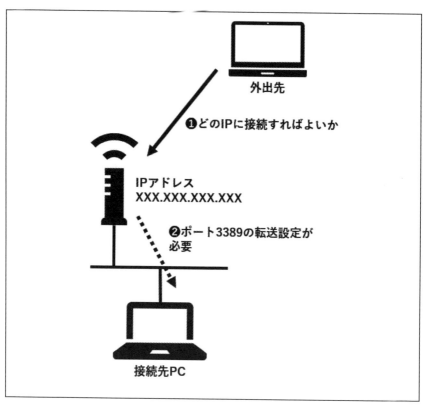

図2-5　インターネットから接続するときの問題

2-3 「IPアドレス」を固定化する

　いま述べた①の問題は、「IPアドレス」を固定化することで解決できます。

　これには、主に2つの方法があります。

(A)固定IPにする

　(A)の方法は、プロバイダとの契約を「固定IP」にする方法です。

　この方法は、技術的には簡単ですが、費用がかかります。

　また、「固定IP」にするということは、いつも同じ「IPアドレス」なので、ネットサーフィンなどをするときに、匿名を保てなくなるという問題もあります。

(B)Dynamic DNSを使う

　(B)の「Dynamic DNS」は、「IPアドレス」が変わる環境に対して、いつも同じドメイン名（たとえば、mypc.example.jpなど）でアクセスできるようにするサービスの総称です。

　「IPアドレス」の変更を監視していて、IPアドレスが変わったら、それと結びつけるドメイン名の設定を更新するという動作で動いています。

　ルータには、Dynamic DNSサービスを構成できるものがあり、そうした機種を使えば、いつも同じドメイン名でアクセスするようにできます（図2-6）。

図2-6　Dynamic DNSを構成する

2-4　VPN

②の問題を解決するためには、「VPN」（Virtual Private Network）を構成するのも、良い方法です。

「VPN」の仕組み

「VPN」は、暗号化した通信でネットワーク同士を接続する技術です。

一度、接続すると、LAN内の「IPアドレス」が割り当てられるため、自身が、あたかも自分のLANに存在するように見えます（図2-7）。

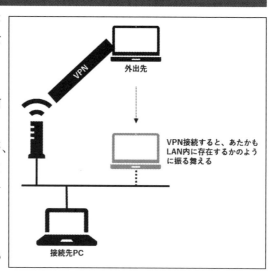

VPN接続すると、あたかもLAN内に存在するかのように振る舞える

図2-7　「VPN」を構成する

　こうした環境なら、リモートデスクトップで接続することはもちろん、LANの中のさまざまな機器とも、通信できます。

　たとえば、「LANに置かれたファイル・サーバのファイルを読み書きする」「LANに接続されたプリンタから印刷する」「LANに置かれた音楽を聴いたり、ビデオを見たりする」など、いつもLANでやっているすべての操作ができます。

「VPN」を構成する

　「VPN」を構成する方法は、さまざまですが、これもまた、近年のルータには、「VPN」に対応したものがあります (**図2-8**)。

　「VPN」に対応したルータを持っていない場合は、「Raspberry Pi」などに「VPN」のソフトウェアをインストールして自作することもできます。

　一言で「VPN」と言っても、プロトコルはさまざまです。そのため、プロトコルによって、接続に利用するソフトが異なります。

　ルータがもつVPN機能の多くは、「OpenVPN」(https://www.openvpn.jp/)と互換のものが多いです。
　その場合は、「Open VPN」のソフトを使って接続できます。

*

　「OpenVPN」は、もともとコマンドラインのソフトですが、Windows用のGUIソフト「vpnux Client」(https://www.vpnux.jp/)があり、それを使うと、簡単にVPN接続できます。

*

　なお、「OpenVPN」は、AndroidやiPhone用のソフトもあるので、スマホでも接続できます。

図2-8　ルータの「OpenVPN」の機能を有効にする

図2-9　vpnux Client

2-5 「Chrome リモートデスクトップ」を使う

これまで、Windows 標準の「リモートデスクトップ」を使う方法を説明してきましたが、ルータをはじめとしたネットワークの設定が必要で、誰でも簡単にと言いにくいものです。

もっと簡単に使うには、リモート接続専用のソフトを使う方法があります。

Chrome リモートデスクトップ

「Chrome リモートデスクトップ」は、Chrome ブラウザが提供する、リモートデスクトップ機能です。

「Google アカウント」で、Chrome ブラウザにログインした状態で、次のようにして、利用します（図2-10）。

【接続される側】
・「https://remotedesktop.google.com/access」にアクセスして、必要なソフトをインストールします
・このとき6桁以上のアクセス・コードを設定します

【接続する側】
・同様に「https://remotedesktop.google.com/access/」にアクセスします。
・設定ずみの PC 一覧が表示されるので、クリックすると接続して、リモート操作できます（このときアクセス・コードが求められます）。
・ブラウザのウィンドウのなかに、接続先の画面が表示され、リモート操作できます。

*

　設定は、これだけです。ルータやVPNなどの設定は必要ありません。

　「リモートデスクトップ」と違って、接続先のPCから強制的にログアウトすることはなく、接続先では、「マウスやキーボード」が、誰かに操られているように見えます。

　テキストや画像のコピペには対応していますが、ファイルのコピーやペーストには対応していません。

　代わりに、まとめてファイルをアップロードしたりダウンロードしたりする機能が付いています。

＊

　「Chromeリモートデスクトップ」は、AndroidアプリやiPhoneアプリもあるので、スマホからも接続できます。

　「Googleアカウント」で認証するため、Googleアカウントを安全に保っていれば、比較的安全です。

図2-10　Chromeリモートデスクトップ

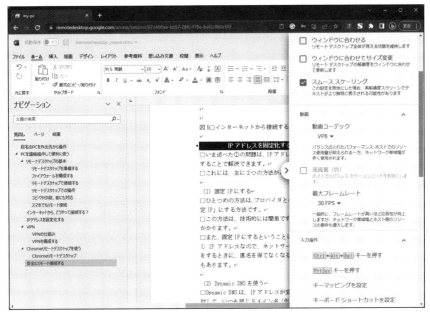

図2-11 Chromeリモートデスクトップで接続して操作している様子

2-6 安全にリモート接続する

　遠隔操作は、とても便利ですが、一度、有効にすると、パスワードを知っている者は、誰でも、アクセスできるため、知らない人が遠隔から、自分のPCを操作するリスクが高まるという点に、充分に注意してください。

　複雑なパスワードを設定するのはもちろんですが、不必要なときは、リモート接続できないようにしておくなどの防御策をとってください。

＊

　また、これはとても大事なことですが、自宅ならともかく、会社のPCで勝手に、こうしたリモート接続を有効にするのは、避けてください。

　会社のLANに侵入されるなど、大きな問題を引き起こす可能性があります。

　最近では、コロナ禍でリモートワークの環境が整い、会社でもリモートアクセスできるような体制が整ってきていますが、それは、会社のIT部門がセキュリティ対策をとったうえで実現していることです。

　各自が、勝手にリモートアクセスを許可すると、統制がとれなくなり、とても危険です。

*

　セキュリティに注意が必要と言うものの、リモートアクセスは、とても便利で、一度、使ってしまうと、手放せないものになるはずです。

　筆者も、今までは自宅に戻らなければできなかったことが外出先でもできるようになり、迅速な対応ができるようになりました。

　ぜひ、みなさんも、リモート接続を使ってみてください。

第3章

アンインストール
～アプリケーションを安全に削除するための心得～

■ぼうきち

PCを利用していると、「使わないアプリケーション」は増え続けます。

ここでは、アプリケーションのアンインストール方法について触れます。

3-1　アプリのアンインストール

「アンインストール」とは？

PCからアプリケーションソフト（以下、アプリ）を削除することを、一般的に「アンインストール」と言います。

*

PC上の記憶装置（ハードディスクやSSDなど）に、アプリやさまざまな設定、共有ライブラリを配置する作業が「インストール」ですから、「アンインストール」はその逆であり、PCの記憶装置に配置したものを除去する作業のことです。

むやみに「アンインストール」してはいけない

「アンインストール」は、アプリを削除することですが、それによって、さまざまな問題を起こす可能性を孕んでいます。

1つの大きな理由として、削除しようとしているアプリに機能を依存している別のアプリが存在している場合があるためです。

*

アプリの機能は、アプリ自身がその機能をもつか、または外部の「コンポーネント」や「モジュール」に依存して実現しています。

たとえば、「動画再生ソフト」は再生時に「コーデック」という機能を利用しますが、OSにプリインストールされたコーデックを利用することがあります。

また、「コーデック」も「ハードウェアアクセラレータ」を使って高速化している場合があります。

*

　多くのアプリは、何らかの「ランタイム」や「ライブラリ」を利用（依存）しています。

図3-1　「Visual C++」のランタイム
適切にインストールされていないと、アプリが動作しない。

　メーカー製PCには、「プリインストールされたアプリ」が入っていますが、それらをむやみにアンインストールすると、不具合の原因になることがあります。

　本来であれば、アプリは「単独で動作すること」が望ましいのですが、「依存先のソフトがプリインストールされている」という前提で、開発・運用しているアプリもあるからです。

　不具合としては、"一部の機能が使えない"程度の場合もありますが、最悪、"アプリが起動しない"こともあります。

　PCの知識が浅い初心者は、むやみにアプリをアンインストールすることはおすすめできません。不具合が発生したときに対処できなくなるからです。

＊

　それでもアンインストールする必要があるという場合は、この章で解説している内容をよく理解してから、作業を進めましょう。

3-2　アプリのインストール

インストールの種類

　「アンインストール」を行なうためには、まず「インストール」について理解を深めましょう。

　「インストール方法」や「保護されている状態」がアプリによって異なるためです。

「インストール」には、次のような方法があります。

```
・「ストア」からインストール
・「実行ファイル」などのインストーラを使用
・「アーカイブ」から自分で展開
```

　「ストア」からインストールできるのは、「UWPアプリ」と「デスクトップアプリ」です。

＊

　もともと、「Windows 8」から導入されたアプリ開発手法を受け継いだもので、「Windows 10」からは「UWPアプリ」と呼ばれています。

　「UWPアプリ」は「ストアからの配信」以外にも、「サイドローディング」というストア外から、パッケージファイル経由でインストールする方

法があります。

＊

　「ストア」からインストールできる「デスクトップアプリ」は、「特殊な
フォルダ」にインストールされ、「UWPアプリ」と同じような管理をする
特徴があります。

　「特殊なフォルダ」(C:\Program Files\WindowsApps)に入った、「ス
トア」からインストールされたアプリは、セキュリティが厳しくなり、通
常ではアクセスできません。

　「ストアアプリ」のいちばんのメリットは、アップデートがしやすく、ス
トア経由で自動的にアップデートされます。

＊

　「実行ファイルなどのインストーラを使用」は、ストアができる前に一
般的だった方法で、現在でもこの方法がよく使われています。

　「アーカイブから自分で展開」は、「ポータブル」などとも呼ばれ、「USB
メモリ」など、場所を選ばずに使うことができます。

「アンインストーラ」とは

　「アンインストーラ」とは、「インストーラ」の作成時に作られる「除去
用のプログラム」です。

　「アンインストーラ」は、アプリと一緒にインストールされ、「アンイン
ストール時」に呼び出されます。

＊

　「Microsoft Windows Installer」は、よく使われているインストーラ作
成環境の一つで、「実行ファイル形式」か、拡張子が「MSI」で提供されてい
ます。

「Microsoft Windows Installer」はインストーラとして推奨されていて、いくつかのインストーラはこれをベースとして作られています。

他の形式のインストーラも無いわけではなく、たとえば、「NSIS(Nullsoft Scriptable Install System)」もよく見かけます。

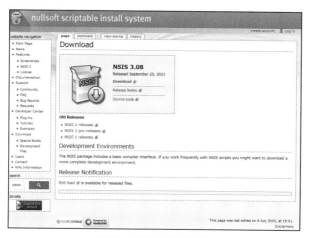

図3-2 NSISの公式サイト

3-3 アンインストールの仕方

一般的なアンインストール方法

「アンインストール」を始める前に、対象となる「アプリ」や「プログラム」は終了させておきます。これは、「実行中のアプリのファイルは削除できない」ためです。

*

「アンインストール」には、いくつかの方法があります。

1つは、スタートの右クリックメニューにある「インストールされているアプリ」を使用するものです。

　「インストールされているアプリ」はアプリ一覧を表示し、検索などで
アンインストーラを選択し、削除できます。

　これは、「Windows 11」で追加された比較的新しめの画面です。

＊

　Windows 10では、デザインや機能が少し異なる「アプリと機能」とい
う画面でした。

　「ストアアプリ」だけでなく、「デスクトップアプリ」もアンインストー
ルできますが、稀に削除できない場合もあるようです。その場合は従来の
画面を利用します。

図3-3　アプリもアンインストールできる
「インストールされているアプリ」の画面

　もう1つは、「アプリアイコン」を右クリックすることで表示される、メ
ニューにある「アンインストール」です。

　「アプリアイコン」は、検索でアプリを検索するか、スタートにあるもの
が使用できます。

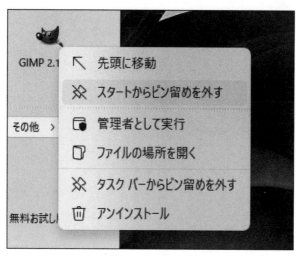

図3-4　アイコンを右クリックすると表示されるメニュー

　対象のアプリが「UWPアプリ」の場合、「削除を確認するダイアログ」が表示されます。

　「デスクトップアプリ」の場合、従来のコントロールパネルのアンインストール選択画面である「プログラムと機能」の画面が表示されます。

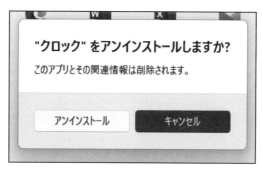

図3-5　UWPアプリの確認ダイアログ

図3-6　「プログラムと機能」
従来のコントロールパネルの画面が生きている

「Cortana」のアンインストール

「Cortana」は、一時期のWindowsでプッシュされていた音声認識アシスタントの機能でしたが、現在では縮小傾向にあります。

「Cortana」は、現在では「プリインストールされたUWPアプリ」の一つとなっていますが、特殊なアプリになるので、通常の方法ではアンインストールが選択できません。

「Cortana」は、「PowerShell」を使って削除できます。
スタートの右クリックなどから「ターミナル」を管理者権限で実行し、次のように入力します。

```
Get-AppxPackage -allusers Microsoft.549981C3F5F10 | Remove-
AppxPackage
```

なお、「Cortana」の再インストールは、ストアから「Cortana」を検索し、インストールします。

「Skype」をアンインストール

「Skype」は「デスクトップ版」とUWPアプリ版があります。それぞれ、通常のアンインストール方法を実行できます。

保存データは「C:\Users\(ユーザー名)\AppData\Roaming\Microsoft\Skype for Desktop」に格納されていますが、現在の「Skype」は基本的には「Webアプリ」のような形になっているので、不要であれば削除してもよさそうです。

「Chrome」のアンインストール

「Google Chrome」は「デスクトップアプリ」です。
他のアプリと同じく、通常のアンインストール方法を実行できます。

「インストールされているアプリ」などから削除できます。
「Chrome」の場合、削除後にはアンインストールのアンケート画面という Web ウェブページが表示されます。

3-4 アンインストールできないアプリ

「アンストール」ができないアプリ

別のアプリのプログラムに依存しているアプリで、特に多いのは、ブラウザを利用しているアプリです。

「Internet Explorer(IE)」や「Edge」は、あらゆる場面で利用されています。

「IE」は廃止されたものですが、「IEコンポーネント」として、互換性のために現在でもWindowsに残っています。

＊

　現在では、ブラウザは「Edge」への変更が進められていますが、「IEコンポーネント」は多くのアプリで利用されていたため、機能を完全に削除するのは難しいようです。

「アンインストール」の難しさ

　「アンインストーラ」は「インストールされたファイルの削除」と「レジストリの除去」を行ないますが、「インストール後に作成されるファイル」もあるので、完全にファイルを除去するのは難しいと言えます。

　特に、他のアプリと「共有されているファイル」や「レジストリ」などは削除が難しく、ユーザーが作成したデータも基本的には除去されません。

3-5　特殊なディレクトリと環境変数

特殊なディレクトリ

　Windowsには、「特殊なディレクトリ」が存在します。表3-1は、アプリに関係する「環境変数」と「場所」を示します。

＊

　「環境変数」は、「エクスプローラのアドレスバー」や「ファイル名を指定して実行」では「%」で囲んで使います。
　たとえば、「%APPDATA%」のようにします。

　「PowerShell」では「$env:APPDATA」のように書くことで、内容を参照できます。

＊

　これらはアプリ側で管理している領域なので、普段はあまり触れないようにしますが、アンインストールしてもこのようなフォルダに残るデータはあります。

表3-1　アプリに関連する環境変数

名　前	場　所
TEMP(TMP)	C:¥Users(ユーザー名)¥AppData¥Local¥Temp
APPDATA	C:¥Users(ユーザー名)¥AppData¥Roaming
LOCALAPPDATA	C:¥Users(ユーザー名)¥AppData¥Local
USERPROFILE	C:¥Users(ユーザー名)
ProgramData	C:¥ProgramData
ProgramFiles	C:¥Program Files
ProgramFiles(x86)	C:¥Program Files (x86)
ProgramW6432	C:¥Program Files

アプリのデータの保存場所

　隠しフォルダになっている「C:\Users\(ユーザー名)\AppData」の中身は、複数のフォルダがあり、それぞれ機能が分かれています。

表3-2　アプリに関連するデータの保存場所

フォルダ名	機　能
Roaming	別のPCでも同期される保存フォルダ
Local	個別のPC向けの保存場所
LocalLow	個別のPC向けの保存場所(低信頼なアプリ向け)

　これらは、アプリに関するデータの保存場所になっていて、「環境変数」の「APPDATA」でも定義されています。

　「Roaming」というフォルダの内容は、Microsoft アカウントで別のPCでもサインイン時やサインアウト時に同期されます。

　「Local」は現在のPCの保存場所で、「Roaming」とは異なり同期されません。
　「LocalLow」は低信頼なアプリ向けとされています。

＊

　この保存場所にあるファイルも、アンインストール時に必ず削除されるわけではありませんが、「Roaming」は他のPCとも共有されているので、注意が必要です。

　再インストールしても状態が初期化されないことがありますが、その場合は、これらの保存フォルダの中身を確認してみるといいかもしれません。

＊

　これらのフォルダに保存されている内容はさまざまで、たとえば「Local」の「C:\Users\（ユーザー名）\AppData\Local\Microsoft\WindowsApps」は、環境変数の「PATH」に登録されています。

　このフォルダは「アプリ実行エイリアス」で設定される実行ファイルへのリンクが配置されていて、「ストアアプリ」を「ファイル名を指定して実行」などで実行しやすくします。

＊

　たとえば、「iTunes」をインストールしている状態で、「ファイル名を指定して実行」に「itunes」とすると、「iTunes」が実行できます。

　これらのエイリアスは重複することもあるので、設定によって使用可能な状態を切り替えることができます。

図3-7　アプリ実行エイリアスの設定画面

第4章

Windows システムを守る
～万が一のときのためのシステムのバックアップ～

■本間 一

「Windowsシステム」に何らかの不具合が発生すると、PCが使えなくなったり、動作が不安定になったりすることがあります。

最悪の場合には、重要なデータが消失することも。

＊

さまざまなトラブルから「Windowsシステム」を守るには、定期的なバックアップが不可欠です。

4-1　重要なファイルを守るシステム構成

　長期間のPC運用で、Windowsのシステム・ファイルの破損は起こりうる事象なので、ある程度はそういう事態を想定しておく必要があります。

　さて、PCに保存されたファイルのうち、どのデータが重要でしょうか。それはユーザーによってさまざまですが、おおむね以下のようなファイルが当てはまると思います。

・ユーザー自身が長時間かけて作ったファイル
・長期間に渡って継続的に収集したファイル
・実験データや気象データなど、再現不可または再現が難しいファイル
・希少価値の高いファイル

　上記のようなファイルは、いったん失うと復旧が難しい場合が多いです。

*

　一方、Windowsのシステム・ファイルは、再現や復旧が可能。重要ファイルとシステムでは、異なる観点から保全を試みる必要があります。

　Windowsシステムは、できるだけ迅速に復旧できる体制をとることが大切ですから、そのためには、Windowsが保存されているドライブ（SSDやHDD）にはできるだけ重要ファイルを保存せず、重要ファイルは「他のドライブ」や「クラウド領域」にバックアップ（ファイルの複製）することが有効です。

4-2　Windowsの復旧体制を整える

復元ポイント

Windowsの復旧体制を整える方法はいくつかありますが、まずやっておきたいのは「復元ポイント」の保存。

「復元ポイント」とは、ある時点でのWindowsの設定情報を保存しておく機能です。

「復元ポイント」が保存されていると、Windowsにトラブルが起こった場合に、正常稼働していた状態に戻すことができます。

ただ、「復元ポイント」には、すべてのシステム・ファイルが保存されているわけではないので、システム・ファイルの一部が破損しているような状況では、「復元ポイント」に戻せたとしても、Windowsのトラブルを解消できない場合もあります。

復元ポイントの設定

「復元ポイント」は、コントロールパネルの「システムのプロパティ」ダイアログの「システムの保護」タブで設定できます。

[手順]　システム保護の開き方
[1]コントロールパネル（アイコン表示）から「システム」をクリックして、「設定」画面の「関連設定」から「システムの保護」をクリック。

コントロールパネルが「カテゴリ」表示の場合には、「システムとセキュリティ」をクリックして、「システム」（文字リンク）をクリックします。

図4-1　「システムの保護」を開く

[2]Windowsがインストールされているドライブ（通常は「C」ドライブ）の「保護設定」の表示が、「有効」になっていることを確認します。

[3]「保護設定」のドライブ名を選択してから、「作成」をクリックすると、その時点での「復元ポイント」のデータが保存されます。

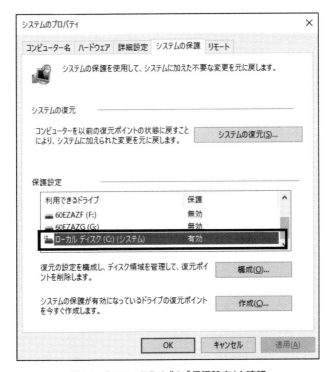

図4-2　システムドライブの「保護設定」を確認

[手順]　「保護設定」が「無効」になっている場合

[1]「保護設定」が「無効」になっている場合は、「ドライブ名」を選択して
から「構成」をクリックします。

[2]「システム保護対象」ダイアログで「システムの保護を有効にする」を
選択。

[3]「ディスク領域の使用量」のスライダを左右にドラッグして、「最大使
用量」を設定します。PCの利用に支障の無い範囲で設定してください。

＊

　保存された「復元ポイント」のデータ量が「最大使用量」を超えると、古
いデータから順次消去されます。

＊

　「保護設定」を「有効」にすると、定期的に「復元ポイント」が自動保存されるようになります。

　「復元ポイント」の自動チェックは、PCの起動時や、「Windows Update」などの重要イベント時に行なわれます。

　「復元ポイント」が7日間作られていない場合に、PCが「アイドル状態」になると、「新しい復元ポイント」が保存されます。

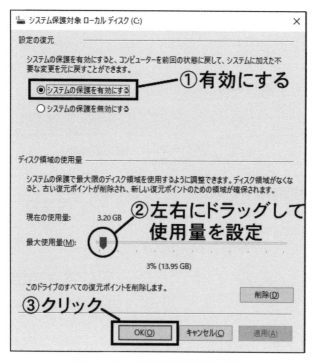

図4-3　「ディスク領域の使用量」の設定

復元ポイントの状況を調べる

　復元ポイントが「正しく作られているか」や「作られた日時」などの情報は、「システムの復元」から調べられます。

[手順]

[1]「システムのプロパティ」の「システムの保護」タブで、「システムの復元」ボタンをクリック。

[2]「システムの復元」画面が開いたら、「次へ」をクリックします。

　「復元ポイント」が作られていれば、リストに最新の復元ポイントの項目が表示されます。

＊

　Windowsに何らかのトラブルが生じて、「復元ポイント」に戻したい場合には、「システムの復元」画面で「特定の復元ポイント」を選び、「次へ」をクリックして、操作を完了させてください。

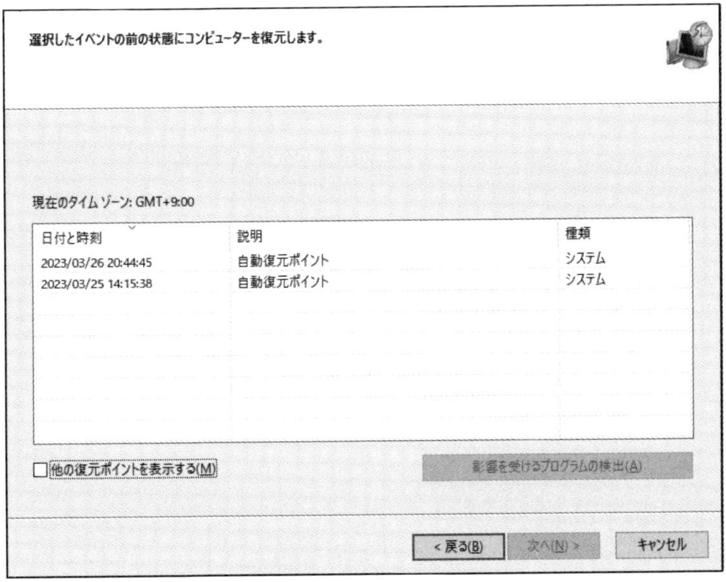

図4-4　システムの復元

4-3 ｜ USBインストールメディアの作成

　「Windowsのインストールメディア」を作っておくと、システムのトラブルでWindowsが起動しない場合に、インストールメディアから起動して、Windowsを初期状態に戻すことができます。

　Windowsの正規ユーザーであり、すでにそのPCの運用実績があれば、インストールメディアからWindowsを初期化した後に、自動的に認証が完了して、そのままWindowsの使用を継続できます。

＊

　「USBインストールメディア」の作成には、「8GB以上」の「USBメモリ」が必要です。

　「インストールメディア」を作る際に、それまでにUSBメモリ」内に保存されていたデータは消去されてしまうので、必要なデータが入っているのであれば、事前に他のメディアにコピーしておいてください。

＊

　「USBインストールメディア」は、マイクロソフトのWebページ「Windows用のインストール メディアを作成する」[*1]から作れます。

*1　検索キーワード　「Windows インストールメディア」

[手順]

[1]「Windows 10」や「Windows 11」など、該当するOSのリンクをクリック。

[2]変遷先のページで「ツールを今すぐダウンロード」をクリックして、「MediaCreationTool」の実行ファイルを保存します。

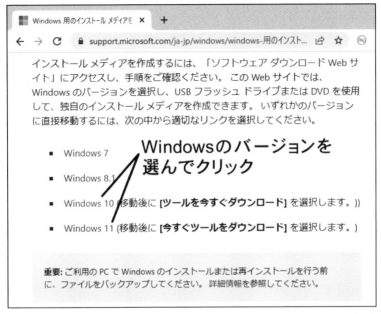

図4-5　マイクロソフトのWebページ「Windows 用のインストール メディアを作成する」

[3] あらかじめ使用する USB メモリを PC に装着しておいてください。

　Windows 10の場合には、「MediaCreationTool22H2.exe」を起動すると、「Windows 10 セットアップ」画面が表示されます。

[4] セットアップを進めて、「実行する操作を選んでください」の選択肢で「別の PC のインストールメディアを作成する」を選んで「次へ」をクリック。

[5] 「使用するメディアを選んでください」で「USBフラッシュドライブ」を選びます。

[6] 画面の指示に従って操作を進めると、「Windowsのセットアップファイル」をダウンロードして、「USBメモリ」に保存します。

4-4 DVDインストールメディア

以前の「Windowsのインストールメディア」は、「片面1層DVD-R（4.7GB）」に収まるデータ量だったのですが、直近のインストールメディアの「ISOファイル」は、「1層DVD-R」に収まらなくなりました。

「ISOファイル」の内容を分割して、2枚のDVD-Rに保存する方法もありますが、やや面倒な操作が必要です。

「インストールメディア」を「DVD」で作る場合には、片面2層のDVD-R（8.54GB）*2の利用がお勧めです。

*2：一般に片面2層DVD-R製品では、「8.5GB」と表記されます。

古いDVDドライブでは、2層DVD-Rに非対応の場合があるので、あらかじめDVDドライブのメーカーサイトなどで、メディアの対応状況を確認しておいてください。

DVDドライブの「対応可能メディア」のリストに、「2層DVD-R」や「DVD-R DL」といった記述があれば、2層DVD-Rは利用可能です。

4-5 「ISOファイル」の書き込み

昔は「DVD書き込みソフト」を使ったりもしましたが、現在ではWindows標準機能（エクスプローラ）でDVDに書き込むことができます。

「ISOファイル」（ディスクイメージファイル）をメディアに書き込む手順です。

[手順]

[1]「エクスプローラ」を開いて、マイクロソフトのWebページからダウンロードしたディスクイメージファイル「Windows.iso」を右クリック。

[2] メニューから「ディスクイメージの書き込み」をクリックすると、「Windows ディスク イメージ書き込みツール」が開きます。

図4-6　右クリックのメニュー

[3]「書き込み用ドライブ」を選び（ドライブ名が正しい場合はそのまま）、「書き込み」ボタンをクリックすると、データの書き込みが始まります。

　より確実性を高めるために、「書き込み後のディスクの確認」のチェックをオンにしておくといいでしょう。

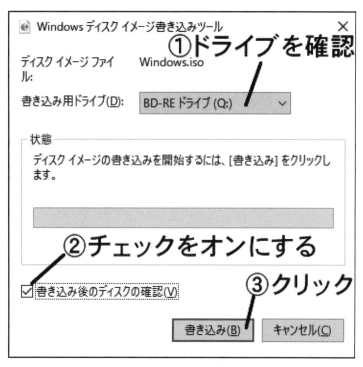

図4-7　Windows ディスク イメージ書き込みツール

4-6 インストールメディアの起動

作った「Windowsインストールメディア」を使ってPCを起動する場合には、「USB」や「DVDドライブ」の起動優先順位を、「SSD」や「HDD」より上位に設定します。

「起動ドライブ」の優先順位は、マザーボードのBIOS (UEFI)画面から設定できます。

PCの起動時にBIOS画面を開くには、電源投入の数秒後に、[DEL]や[F2]などの特定のキーを押します。

　BIOSを開くキーは、マザーボードによって異なります。

　どのキーを押すかは、電源投入後にモニタを注意深く見て、「Press DEL or F2 to enter UEFI BIOS」といった情報の表示で確認できます。

　PCによっては、電源投入時に「ブートメニュー」を表示して、「USBメモリ」や「DVDドライブ」を選んで、起動できる場合があります。

　たとえば、ASUSのマザーボードでは、[F2]キーを押して「ブートメニュー」を表示できます。

4-7　「システムイメージ」の作成

保存先は「外付けHDD」がお勧め

　Windowsの「システムイメージの作成」は、Windowsシステムを"丸ごとバックアップ"する機能です。

　定期的に「システムイメージ」を保存しておけば、Windowsの起動不能などの深刻なトラブルから復旧できます。

＊

　「システムイメージの作成」は、保存するデータ量が多いので、たとえば「3ヶ月に1回」など、PCの運用状況に合わせて、スケジュールを決めておくといいでしょう。

　「システムイメージ」の保存には、「USB接続の外付け大容量HDD」の利用がお勧めです。

「システムイメージ」の保存操作

[手順]

[1]コントロールパネル（アイコン表示）を開き、「バックアップと復元（Windows 7）」をクリック。

[2]「ファイルのバックアップまたは復元」画面が開いたら、左ペインの「システムイメージの作成」をクリック。

[3]「システムイメージの作成」ダイアログで、「バックアップの開始」をクリックすると、システムイメージの作成が始まります。

図4-8　システムイメージの作成

第5章

Windowsの高速化
～ Windowsが遅くなる要因と、解決策～

■勝田有一朗

Windowsパソコンを使っていて、購入当初より、遅くなってきたとか、もたつきを感じてきたら、その「要因」と「解決策」を考えてみましょう。

「視覚効果」や「不要ファイル/不要アプリ」、「Windowsアップデート」などが、パソコンの動作を遅くしている可能性があります。

5-1 Windowsが遅くなる理由を考える

動作が遅いと感じる機会は減ったが…

「多コアCPU」や「SSD」の普及などにより、パソコンの基本性能が大きく向上したいま、"Windowsの動作が遅い！"と感じることは少なくなったように思います。

　それでも、長期間使い続けていると余計なものが溜まってきて、少しずつ動作を阻害することがあったり、もともとスペックが厳しめなパソコンにおいては、快適動作にはほど遠く感じるケースもあるでしょう。

＊

　そんなときにチェックしておくべき、「Windows環境高速化のポイント」をいくつか紹介していきます。

遅くなる要因を知る

　まず、「Windowsの動作が遅くなる要因」について、考えてみましょう。

①性能が足りない

　エントリークラスパソコンの場合、スペックによっては快適動作まで届かない可能性があります。

②ストレージの空き容量が少ない

　システムドライブの空き容量が少なくなると、動作に影響を及ぼす可能性があります。

③アプリによる余計なリソース消費

　アプリが必要以上にメモリを確保したり、意図しないアプリが常駐したりして、パソコンのリソースを大きく消費している可能性があり

ます。マルウェアの影響なども含まれます。

④ネットワーク帯域幅の圧迫

Windowsがバックグラウンドで実行するダウンロードにより、インターネットの快適な利用が困難になる可能性があります。

他にもハードウェアの不具合などでWindowsの動作が極端に遅くなるといった事例もありますが（SSDプチフリ問題など）、セッティング変更で対応可能な要因については、おおむね以上の例が当てはまると思います。

5-2　視覚効果を調整してパフォーマンスUP

ユーザーインターフェイスの見た目をリッチにするため、Windowsは画面にさまざまな"視覚効果"をかけています。

性能が微妙に足りていない場合は、これらの視覚効果をキャンセルすることで、軽快な動作を得られる可能性があります。

視覚効果の設定方法

視覚効果の設定は、次の手順で行ないます。

[手順]
[1]「スタート」を右クリック→コンテキストメニューから「システム」をクリック。

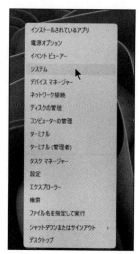

図5-1　コンテキストメニューから「システム」をクリック

[2]「システム > バージョン情報」が開くので、「システムの詳細設定」をク
リック。

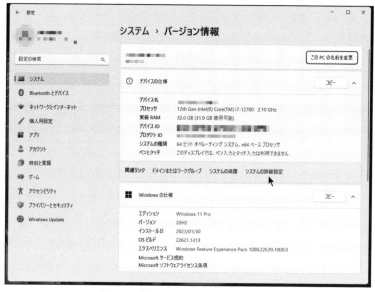

図5-2　「システムの詳細設定」をクリック

[3]「システムのプロパティ」が開くので、「パフォーマンス」内の「設定」をクリック。

図5-3　「設定」をクリック

[4]「パフォーマンス　オプション」が開くので、「視覚効果」タブ内の「パフォーマンスを優先する」を選択し、「OK」をクリック。

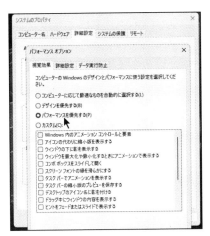

図5-4　「パフォーマンスを優先する」を選択

　以上の操作で、すべての視覚効果をキャンセルできます。

　しかし、すべてキャンセルにすると、フォント表示が粗くなってけっこう見難くなってしまうので、「スクリーンフォントの縁を滑らかにする」だけは有効にしてもよいかもしれません。

＊

　また、この設定で得られる軽減効果は限定的で、最近のパソコンは平均的スペックであっても能力が高いので、パフォーマンスの違いは、ほとんど感じられないかもしれません。

　ただ、エントリークラスのパソコンや、仮想PC上で動かしているWindowsが遅いと感じたときは、試してみる価値があるでしょう。

5-3 Microsoft PC Manager

「Microsoft PC Manager」とは

　「Microsoft PC Manager」は、主にパソコン内の不要ファイルの削除や、余計なアプリケーションの停止などができるツールです。

　Microsoftから、直々にリリースされています。現在は、パブリックベータで、ユーザーインターフェイスも日本語非対応ですが、使い方はそれほど難しくありません。

　「Microsoft PC Manager」は、

https://pcmanager-en.microsoft.com/

からダウンロードできます。

　ダウンロードしたファイル、「MSPCManagerSetup.exe」を実行し、「Microsoft PC Manager」をインストールします。

「Microsoft PC Manager」の使い方

「Microsoft PC Manager」の使い方は、とても簡単です。
順を追って見ていきましょう。

図5-5 「Microsoft PC Manager」の初期画面

①「Boost」ボタン

クリックすると、すぐさま「メモリ解放」と「不要な一時ファイルを削除」します。

②Health check

「不要な一時ファイル」の詳細を確認しつつ、削除したり、スタートアップ（Windows起動時に自動的に実行される）から「不要なアプリ」の自動実行を停止することができます。

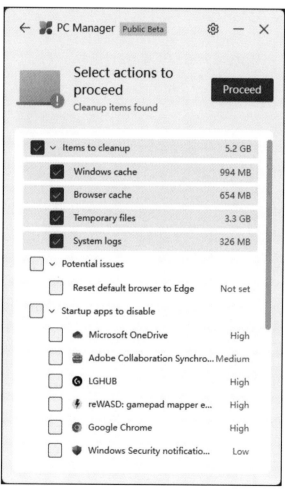

図5-6　「Proceed」をクリック
チェックした「不要ファイル」の削除や、「不要アプリ」のスタートアップ停止を設定。

③Storage management

「Boost」ボタンでは削除されなかった「Windows Update」の一時ファイル削除や、システムドライブにある巨大ファイルのチェックを行ない、より大きな空き領域を確保します。

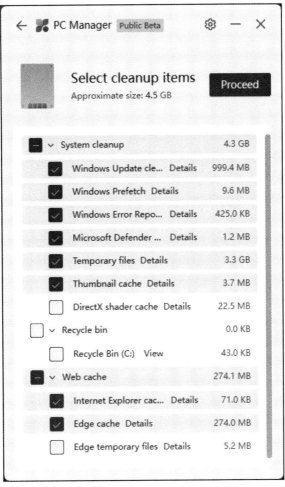

図5-7　「Storage management」内の「Deep cleanup」
空き容量をさらに確保できる。

④Process management

　実行中のアプリ一覧が表示され、「End」をクリックすると、該当アプリを終了します。

図5-8　指定したアプリを終了できる。＞

⑤Startup apps

「Health check」と同じく、スタートアップ・アプリの個別停止を行ないます。

アプリ名に見覚えがない場合は、ネットで検索してみるといいでしょう。

図5-9　各アプリのスイッチを"オフ"にすると、スタートアップで実行されない

⑥Security

　画面を「セキュリティ」タブに切り替えます。

　「セキュリティ」タブでは、ウィルス、マルウェアのスキャンや、「Windo ws Update」の更新情報チェックができます。

図5-10　セキュリティタブ

本家本元のツールという安心感

「Microsoft PC Manager」は、もともとWindows自体がもつ機能を一ヵ所に集約したアプリとも言えます。

本来は、Windows本体だけでいろいろな設定ができるのですが、そういった機能がどこにあるのか分からない人には、便利なツールになるでしょう。

また、なんと言ってもWindows本家本元のMicrosoftからリリースされているという安心感も、「Microsoft PC Manager」の良いところです。

5-4 「Windows Update」の制御

ネットワーク帯域幅の占有

パソコンでインターネットを使っていて、急にWebサイトの表示が遅くなったり、動画配信サイトの動画が止まったり低画質になった経験はないでしょうか。

このような、急にインターネットが遅くなる要因の1つに、「Windows Updateの自動ダウンロード」があります。

＊

Windowsは、ユーザーが更新チェックを行なわなくても、定期的に更新の自動チェックをしています。

そして必要があればユーザーの許可なく更新データのダウンロードを開始するのですが、その際かなり全力でダウンロードを実施するため、場合によっては他のインターネット作業に支障が出るほどとなります。

特にインターネット回線速度が「100Mbps」以下の場合は、顕著に感じ

るかもしれません。

「Windows Update」の自動ダウンロードを制御する手段はいくつかありますが、ここでは手軽な方法を2つ紹介します。

「従量制課金接続」に設定

使用中のインターネット回線が従量制であると指定することで、更新データの自動ダウンロードを停止させられます。

ネット対戦ゲームのプレイ中など、極力ほかの通信を止めたいときに有効な手段です。

＊

設定箇所は、次の場所です。

[手順]

[1]「スタート」→「設定」を開き、「ネットワークとインターネット」の項目を表示。項目内の「プロパティ」をクリック。

図5-11　「ネットワークとインターネット」の「プロパティ」をクリック

[2]「ネットワークとインターネット > イーサネット」が表示されます。
中に、「従量制課金接続」のスイッチがあるので、"オン"に設定します。

図5-12 「従量制課金接続」を"オン"に

＊

以上の設定で更新データの自動ダウンロードを止められます。

　ただ、「従量制課金接続」を「オン」にしたままだと、「OneDrive」の同期
機能など、他の通信も停止した状態となり不便な点も出てくるので、ネッ
ト対戦中など限られた時間にだけ「従量制課金接続」を利用するのがよさ
そうです。

ダウンロード帯域幅を制限

　「自動ダウンロードはやっておいてほしいけど、ネットワーク帯域幅を占有するのはやめてほしい」という場合は、ダウンロード帯域幅制限を設定するといいでしょう。

＊

　設定箇所は、次の場所です。

[手順]

[1]「スタート」→「設定」を開き、「Windows Update」の項目を表示。項目内の「詳細オプション」をクリック。

図5-13　「Windows Update」の「詳細オプション」をクリック

[2]「Windows Update > 詳細オプション」が表示されるので、項目内の「配信の最適化」をクリック。

図5-14 「配信の最適化」をクリック

[3]「Windows Update ＞ 詳細オプション ＞ 配信の最適化」が表示されるので、さらに「詳細オプション」をクリック。

図5-15　「詳細オプション」

[4]ダウンロード設定で帯域幅を指定できるので、「絶対」か「割合」のどちらかにチェックを入れて、ダウンロードで使える帯域幅を指定します。

　「バックグラウンドでの〜…」となっているほうが、「自動ダウンロード」に使う帯域幅で、「フォアグラウンドでの〜…」は、手動で更新チェックをした際の帯域幅になります。

　「バックグラウンド」は低く、「フォアグラウンド」は高く設定しておくといいでしょう。

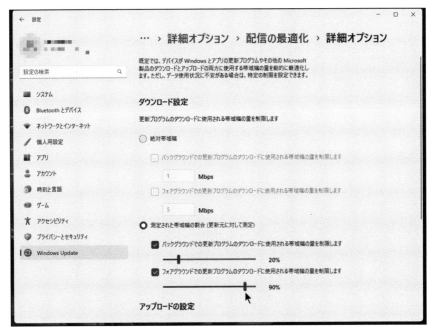

図5-16 基本的に"割合"で設定する方がお手軽
インターネット回線速度を把握している場合は"絶対"もOK。

*

　この設定で、更新データの自動ダウンロードは行ないつつも、ネットワーク帯域幅に充分な余裕を残すことができます。

　「1Gbps」以上のインターネット回線ならあまり気にする必要はないかもしれませんが、「VDSL」など「100Mbps」以下のインターネット回線を使っている場合は、帯域幅制限の設定はオススメです。

第6章

Windows標準アプリ
～ "Windows11時代"に、すぐに使える搭載ツール～

■清水美樹

「Windows、Officeなければ…」と言われそうですが、今どきのWindowsにはどんなアプリが標準で搭載されているのでしょうか。

「Windows10」と「11」の間にも、いろいろあったようです。

6-1　Windows11の「標準アプリ」は意外と少ない

「外部ソフトウェアの器」としてのOS

■ 楽しむならMac？！

　「WindowsOS」に最初から付いている「標準アプリ」は、「メモ帳とペイント」の時代から、「Windows11」になってもほとんど変化していないように見えます。

　ハードウェアを買うだけで、パソコンライフを楽しみたいなら、最初から便利なアプリがたくさんついている「Mac」が簡単です。

■ 「Microsoft 365」を購入すればよい

　もちろん、「Microsoft 365」のサブスクリプションを購入さえすれば、「Officeアプリ」を連携させていろいろな仕事をこなしていけます。

　「BTO」（Build To Order：受注生産）購入サイトで、「OS」と「Office」オプションをそれぞれ付けたい外したりして、価格の差を比べると、軽くショックかもしれません。

■ 「Visual Studio Code」を入れればよい

　プログラミングなら、同じMicrosoftが無償提供している「Visual Studio Code」(https://code.visualstudio.com/)を入手してインストールすれば（プログラミング言語の実行環境はそれぞれ必要ですが）、ファイル管理や編集、実行などを統合して行なえます。

＊

　以前は「メモ帳」でプログラミングをする教本もありましたが、この「VSCode」が出てしまったので、もはや「メモ帳」が進化しなければならない理由はなくなったとも言えます。

```
pages.py - メモ帳                                                    ─    □    ×
ファイル(F)  編集(E)  書式(O)  表示(V)  ヘルプ(H)
from flask import (Flask, render_template, redirect, request, url_for)

flsk = Flask(__name__)

@flsk.route("/")
def index():
    ct = "<h1>目次</h1>"
    ct += "<a href='/chap1'>第一章</a>"
    ct += "<p><a href='/chap2'>第二章</a></p>"
    ct += "<p><a href='/survey'>アンケート</a></p>"
    ct += "<p><a href='/upload_file'>ファイルのアップロード</a></p>"
    return ct

@flsk.route("/chap1")
def chap1():
    titles = ['一、丸底', '二、平底', '三、三角', '四、メス']

    ct = "<h1>第一章</h1>"

    for i,v in enumerate(titles):
        ct += f"<p><a href='/chap1/{i+1}'>[v]フラスコ</a></p>"

    return ct

@flsk.route("/chap1/<section>")
def sections(section):
    cts=['全体が丸く、転がりやすいが熱に強い',
        '底だけが平たく、置きやすいが熱に弱い',|
        '底に行くほど広いので反応効率が良い',
        '首の印にメニスカスを合わせて体積を一定にできる。フタ必須']

    ct="準備中"

    try:
        section_num = int(section)-1
        if section_num in range(4):
            ct=cts[section_num]
```

図6-1　"「メモ帳」でのソースコード編集"も、できなくはないが無理することもない

＊

　他にも「Adobe Creative Cloudのサブスクリプションさえあれば…」とか、お好みで環境を整えていくというのは、「標準アプリが少ない」Windowsのいいところなのかもしれません。

　それでも、最初からWindowsに入っていて、かつ「試用版」でもMicrosoftアカウントでのログインが必要ないアプリも、少しあります。

6-2　タスクマネージャー

最も人気のあるアプリかもしれない

■ 動作が遅いと開きたくなる

「CPU」「メモリ」「I/O」「ネットワーク」の負荷を調べられる「タスクマネージャー」は、「Windows標準アプリ」の中で、もしかすると最もよく使われているかもしれません。

＊

パソコンの動作が遅いと「どうしたんだッ！」と、反射的にタスクバーを右クリックしてしまうのではないでしょうか。

図6-2　タスクバーを「右クリック」して「タスクマネージャー」を起動

「こんなに無理させてますから」と、上の人を説得して新しいパソコンを買ってもらうのにも役立ちます。

ただし、「Windows11」からは、リソースを多く使っているプロセスを色の濃さで表わす「ヒートマップ」が「青」の濃淡になりました。

「Windows10」以前の「黄色-オレンジ-赤」に比べると、やや切迫感に欠けます。

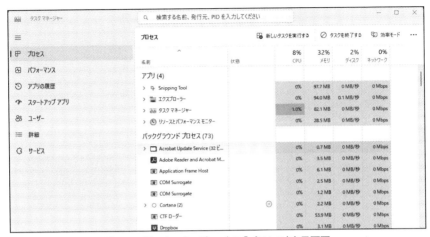

図6-3　「タスクマネージャー」の「プロセス」表示画面
　　　　青系になって、高負荷感に欠ける。

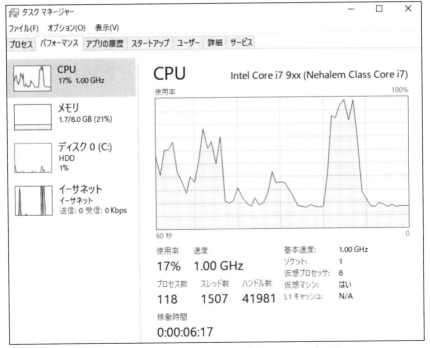

図6-4　経時変化を視覚的に追える、「パフォーマンス」画面

　「パフォーマンス」画面や、別のアプリである「リソースモニタ」を開いて、経時変化や使用リソースの種類などを調べることもできます。

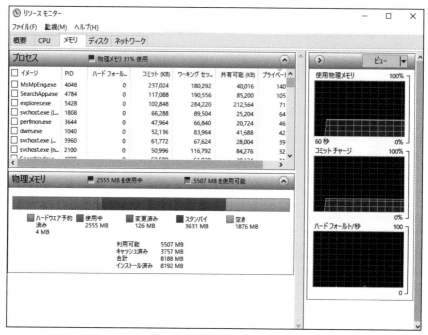

図6-5　「タスクマネージャー」から、さらに「リソースモニタ」を開くことができる

■「Windows11」で明らかになったその人気

　図6-2に上げた「タスクバーの右クリック」は、「Windows11」の操作の様子です。

　「Windows11」の初期バージョンでは、「タスクバー」の右クリックから「タスクマネージャー」を起動できない仕様でしたが、2022年10月から、また利用できるようになりました。

　「タスクマネージャー」が「スタートメニュー」と同じくらいWindowsユーザーに愛されていたことを示すエピソードです。

6-3 ペイントソフト

「Windows95」以来の歴史的「ペイント」

■ マウスで線を引いて絵を描く

「Windows95」からは「ペイント」、それ以前も「ペイントブラシ」という名で標準搭載されているペイントアプリ、つまり、マウスで自由に曲線を引いて絵を描くアプリです。

図6-6 「カリグラフィ」や「エアブラシ」も使って絵が描ける「ペイント」

■ あのMacにはない「標準アプリ」

実は、本記事の最初に「便利なソフトがたくさんついている」と述べた「Mac」には、なぜか、この「ペイントツール」だけは今もついていません。不思議です。

「非推奨」からの回復
■「Windows10」で登場した「ペイント3D」

　長い歴史をもった「ペイント」も、「Windows10」になって「非推奨」とされ、初登場の「ペイント3D」にとって代わられようとしていました。

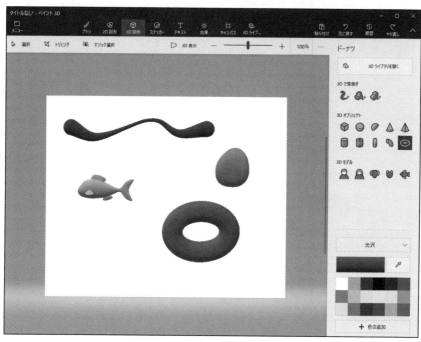

図6-7　「Windows10」で登場した「ペイント3D」

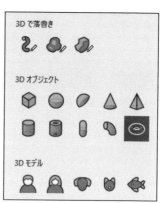

図6-8　いくつかの「3D感」のある描画方法を提供する「ペイント3D」

94

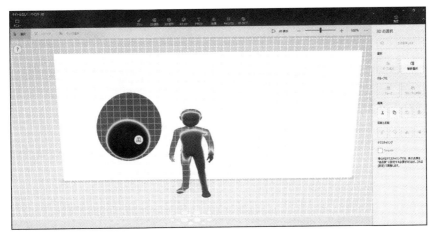

図6-9　使いこなせば、スゴい機能をもつ標準アプリなのかもしれない
しかし、注目を浴びることなく、活用されることなく…

　図6-7〜図6-9のように、「3D感のある陰影」をもつ図形を描いてみることはできますが、「描いてどうするの？」という気はします。

■「Windows11」にはつかなくなった「ペイント3D」

　「ペイント3D」は、「ペイント」より動作が重くなっていました。

　そのためかどうか、「Windows11」には「ペイント3D」はつかなくなり、「ストア」からダウンロードするように。

　そして、標準は再び「ペイント」になりました。

6-4　スクリーンキャプチャ

「Snipping Tool」と「切り取り＆スケッチ」

■これも「標準アプリ」の交代劇？

「スクリーンキャプチャ」は、Q&Aサイトで「こんなふうになっちゃったんですけど」と症状を説明するなど、いろいろなところで役立つアプリです。

＊

「WindowsXP」から親しまれていたスクリーンキャプチャアプリ「Snipping Tool」は、「Windows10」で廃止され、「切り取り＆スケッチ」に置き換わる…方向でしたが、「Windows11」で再び「Snipping Tool」が標準になりました。

ただ、後者が前者に統合されただけ、という気もします。

図6-10　左は「Snipping Tool」、右は「切り取り&スケッチ」のアイコン

[Windows] ＋ [Shift] ＋ [S] キーで呼び出すことができます。

「Snipping Tool」と似ていますが、切り取った画像にペイントする際の、「ペン」の種類や「カラー」が豊富で、ツールの定規や分度器を使用して線を引くなど、より機能が多い便利なアプリになっています。

＊

なお、「切り取り＆スケッチ」という名前は、「Snipping Tool」とまったく別ものに聞こえますが、英語の原題は「Snip&Sketch」で、よく似ています。

第7章

「Clipchamp」を使ってみよう
～ Windows標準の動画編集ツール ～

■東京メディア研究会

誰もが当たり前のように動画配信する時代になり、動画作成ツールの需要も非常に高まっています。

*

本章は、Windows10/11の標準動画作成ツールとして登場した、「Clipchamp」の基本的な使い方を解説しています。

7-1　まずは動画を1本作ってみる

　ごちゃごちゃ難しい機能を解説するよりも、まずは簡単に1本の動画を作ってみることが、動画作成上達の早道です。

　流れとしては、①「アカウント登録」→②「動画の読み込み」→③「動画のトリミング」→④「動画のエクスポート」……になります。

＊

　「Clipchamp」を初めて使うときは、①の「アカウント登録」が必要ですが、それ以降は、②～④の繰り返しになります。これが、「動画編集の基本的な流れ」です。

アカウントの登録

　まずは「アカウント」を登録して、手軽に始められる「Web版」を使ってみましょう。

[手順]

[1]「Clipchamp」の公式サイト（https://clipchamp.com/ja/）にアクセスし、「無料で試す」をクリックします。

[2]「アカウント」を作成します。Microsoftアカウント（Hotmailアドレス：○○○@Hotmail.co.jp）をはじめとして、「Googleアカウント」や「Facebook」、その他のメールアドレスでも登録ができます。

[3]ここでは、手持ちのメールアドレスでアカウントを作成します。情報を入力したら、「アカウントの作成」をクリックします。

[4] 登録したメールアドレスに
メールが届くので、「Click here」
をクリックします。

[5] 「Clipchampを使ってどのよ
うな動画を作成したいですか？」
の質問に、とくに目的が明確でな
ければ、とりあえず「個人用」を選
んでおきます。

[6] 「個人用ワークスペース」が開きました。この画面で、「新しいビデオを
作成」や「何かを記録する」、また「テンプレート」からひな形を選ぶこと
もできます。

スタート画面

アカウントの登録ができたら、動画の編集をはじめますが、いくつかの
スタート方法があります。

①新しいビデオを作成

②何かを記録する

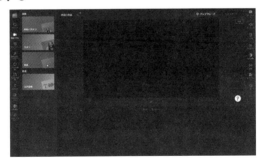

③テンプレート

動画を読み込む

[手順]

[1]「アカウント」を登録して「ログイン」できたら、動画を編集します。
事前に、「動画」や「写真」などを用意しておきます。

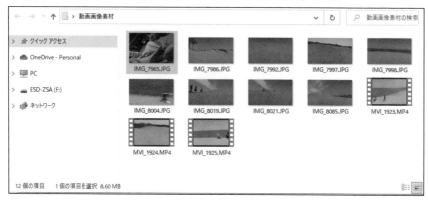

[2]「Clipchamp」の公式サイト (https://clipchamp.com/ja/) にアクセス
して、「ログイン」をクリックします。「最初の動画を作成」をクリックしま
す。

[3]素材の読み込み方はいろいろありますが、ここでは、「デバイスからメディアをドラッグアンドドロップしてインポートします」を使います。

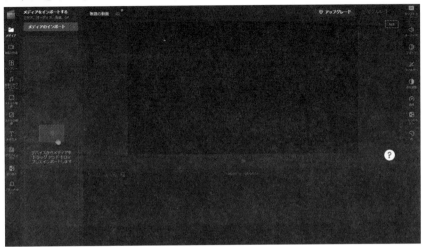

[4]動画や写真を選択して、ドラッグ&ドロップします。

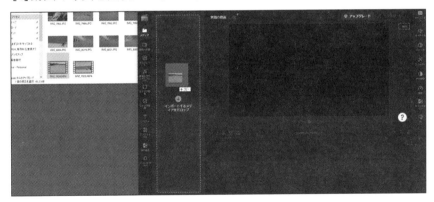

[5]「動画」や「写真」が読み込まれました。

[6]動画ファイルをそのまま「タイムライン」にドラッグしてよいのですが、マウスカーソルをファイルの上にもっていくと、「＋」と「ゴミ箱」が出ます。「＋」をクリックすると、自動的にタイムラインに追加されます。また、「ゴミ箱」をクリックすれば、読み込んだファイルを削除します。

[7]タイムラインに「動画」が取り込まれました。

[8]写真(静止画)も同様に、タイムラインに追加することができます。

「トリミング」する

「分割」と「削除」を使って、読み込んだ動画の不要な部分を削っていきます。

***

[1] 分割したい場所に「シーカー」(白いバー)をもっていき、「ハサミ」をクリックします。シーカーはキーボードの [スペース] キーを押しても移動します。もう一度押すと止まります。

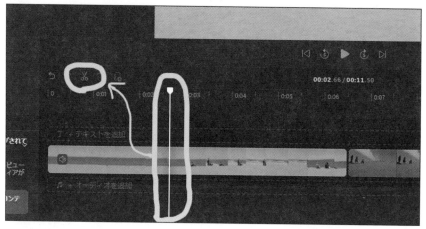

[2] 動画が２つに分割されました。

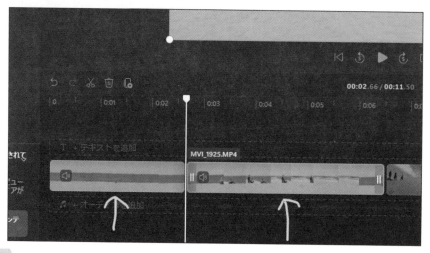

[3]不要なほうを選択して、「ゴミ箱」をクリックします。

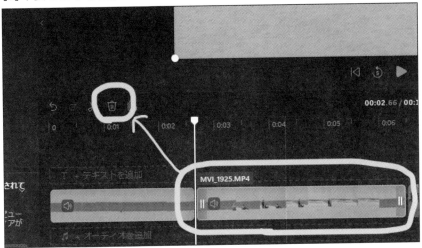

[4]動画の不要な部分が削除されました。しかし、タイムラインに空白の
領域が出来てしまっています。「ゴミ箱」をクリックしましょう。

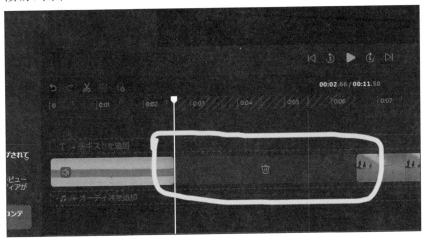

[5]空白の部分がなくなりました。

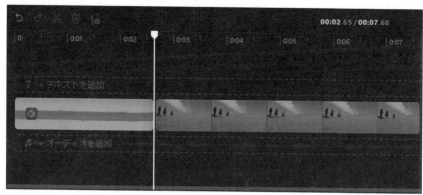

[6]動画編集は、動画クリップの「追加」と「トリミング」(切り取り)の繰り返しです。不要な部分や見苦しい(ブレがあるなど)部分を削除していくだけでも、ある程度の形が出来上がります。

動画を「エクスポート」する

動画編集を終了し、「メディアプレイヤー」などで再生できる動画を出力することを、「エクスポート」と言います。

[手順]

[1]「エクスポート」をクリックします。

[2]「動画画質」から「解像度」を選びます。

ここでは、「720p」(ハイビジョン画質)で出力していますが、作品として完成させるときは、「1080p」(フルハイビジョン画質)にしますが、チェックなどの下書き用なら「480p」(SD画像)でも大丈夫です。

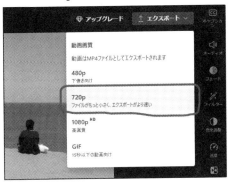

[3] エンコードをはじめます。右側におおよその進捗が「％」で表示されます。

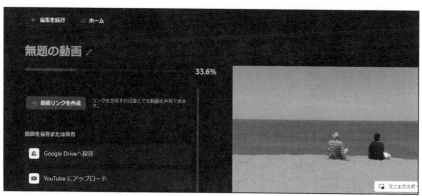

[4] エンコードが「100％」に達したら、「コンピュータに保存」をクリックして、とりあえずパソコンに保存しておきます。

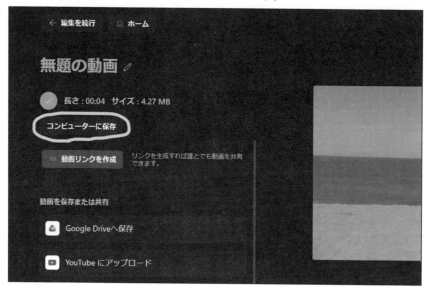

[5]「ダウンロード」フォルダに、動画ファイル（MPEG4形式）がエクスポートされていました。

[6]ダブルクリックで動画プレイヤーが起動し、再生できます。

[4]の画面で「動画リンクを作成」を選ぶと、動画アップロード先の「URL」を生成します。動画を共有したいときなどに使います。

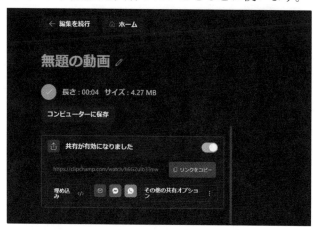

ホーム画面に戻ると、「あなたの動画」のところに、作成した動画が表示されるようになります。

7-2　基本的な使い方

　ここまで、「アプリに触ること」「動画編集の流れを知ること」が目標だったので、必要最低限の機能だけを使い、"とにかく、1本作ってみる"ということを目標に解説しました。

＊

　ここからは、基本機能の「タイトル」「トランジション」「BGM」「エンドロール」などを使って、他人に見てもらえるような、"1つの作品"を作っています。

「新しいビデオ」を作る

　ホーム画面で、「動画を作成」や「新しいビデオを作成」、また右下の「＋」をクリックすれば、新規ビデオ作成画面になります。

＊

　「あなたの動画」にあるサムネイルをクリックすると、すでにある動画の再編集に入ります。

「メディア」を読み込む

動画を取り込みます。左側の点線の中に、動画ファイルをドラッグ＆ドロップしてください。）

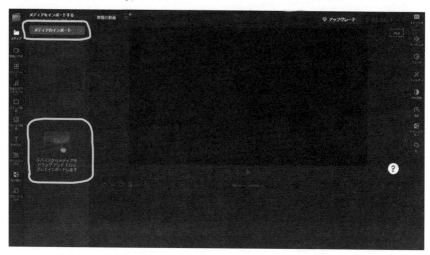

メディアが取り込まれました。取り込む方法は、「ドラッグ＆ドロップ」以外にも、「ファイルを参照」して取り込むこともできます。

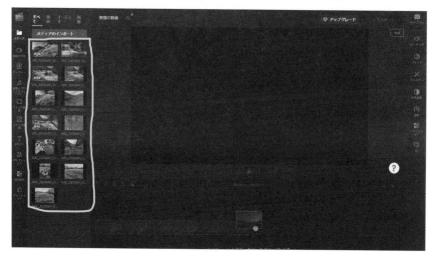

「アスペクト比」を決める

アスペクト比の指定をします。画面と「横」と「縦」の長さの比率です。

＊

[16:9] ……通常は「16:9」に設定されます。

アスペクト比を変更したいときは、最適なものをクリックして変更します。

[9:16] ……ポートレートやモバイル

[1:1] ……スクエア

[4:5] ……ソーシャル

[2:3] ……Facebook フィード

[21:9] ……シネマスコープ、ブログバナー

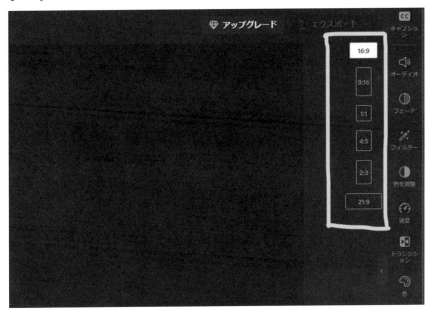

「タイムライン」に「メディア」を並べる

ドラック＆ドロップで、タイムラインにメディア（動画、静止画など）を載せます。

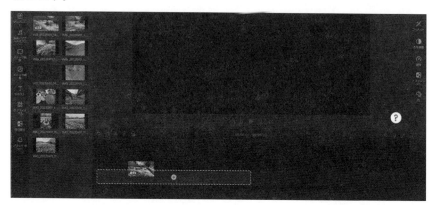

複数の「動画」や「静止画」をタイムラインに並べることができます。

「メディア」の追加、入れ替え

　「メディア」は、「ドラッグ＆ドロップ」で位置を入れ替えることができます。

　また「動画」に限らず、「静止画」「テキスト」「BGM」などのメディアも、簡単に位置の入れ替えができます。

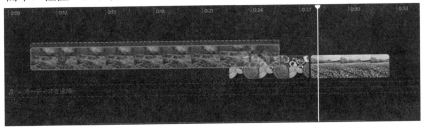

　緑色の線をつまむと、「メディア」の長さの伸縮ができます。

＊

　また、「メディア」が移動したあとに「空白」ができた場合、マウスカーソルを近づけると「ゴミ箱」が表示されます。

　この「ゴミ箱」をクリックすると空白が削除されて、「メディア」が詰められます。

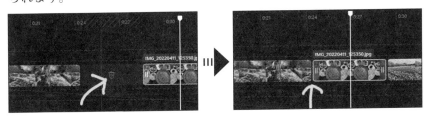

「トリミング」で「メディア」の不要な部分を削除していく

撮影時には気づかなかったが、再生してみて気づく、「ピンボケ」や「ブレ」、「指が写る」など、見苦しい部分がけっこうあります。

＊

川の流れを撮影していたら、カメラが下に傾いてしまったシーンがありました。ここはカットしましょう。

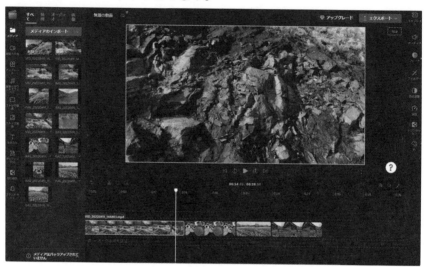

[手順]

[1]切り落としたいところの少し前に「シーカー」を置き、「ハサミ」をクリックすると、「メディア」が2つに「分割」されました。

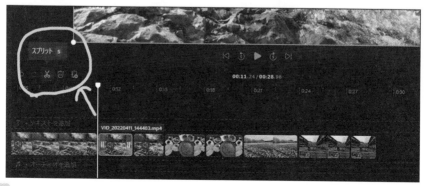

[2]分割された「メディア」で不要なものを選択し、「ゴミ箱」をクリック
すると、「メディア」は削除されます。

　これを繰り返していくと、歯抜けのように空白ができます。

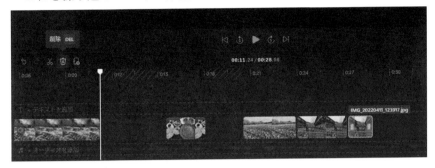

[3]不要な部分をそぎ落として、空白になった部分は、「ゴミ箱」をクリッ
クして詰めていきましょう。

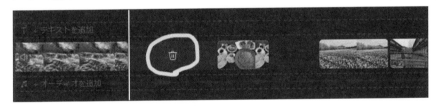

[4]不要な部分が削られ、空白も詰められました。

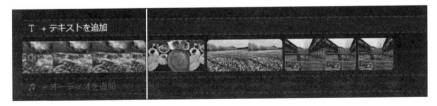

「テキスト」を追加する

［手順］

［1］タイムラインの「テキストを追加」をクリックするか、サイドバーの
「テキスト」をクリックします。

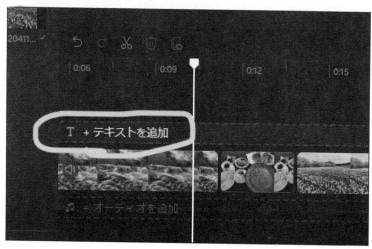

［2］追加できる「テキスト」のテンプレートが表示されるので、ここから
選びます。

　タイムラインにドラッグ＆ドロップしてみましょう。

[3]「テキスト」が追加されました。「テキスト」を選択した状態で、右側の
「テキスト」をクリックすると、「テキスト文字」や「フォント」の編集がで
きます。

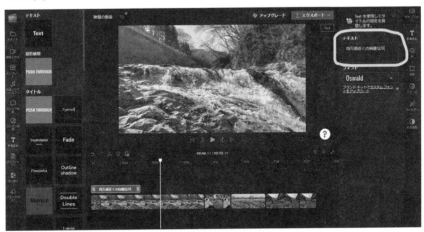

[4]再生してみると、左側からタイトルが入ってきました。

　動画の頭に「タイトル」を付けたので、お尻に「クレジットロール」を付けてみましょう。

＊

　タイムラインに「テキスト」をドラッグして、内容を変更します。

　動画を再生して、「クレジットロール」の確認をしましょう。

「切り替え」や「フェード」を追加する

　「動画」と「動画」などのつなぎ目に挿入する「切り替え効果」です。それぞれの効果は、「マウスカーソル」をあてると、動作イメージが分かるようになっています。

＊

[手順]

[1]「切り替え」をクリックすると、「切り替え効果」の一覧が現われます。

[2]「切り替え」一覧からドラッグし、「動画」と「動画」などの間にドロップします。タイムラインに「切り替え」が追加されると、つなぎ目にアイコンが表示されます。

　「切り替え」と同様、よく使われる効果に、「フェード」があります。
　「動画」を選択した状態で、右側サイドバーの「フェード」を選び、時間を調節します。

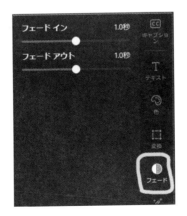

　下記例では、画面がだんだん暗くなっていく「フェードアウト」を設定しています。
　「フェード」は、少しずつ現われてくる「フェードイン」と、少しずつ消えていく「フェードアウト」があります。

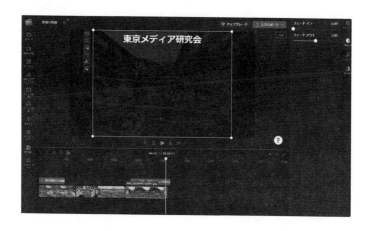

「BGM」を追加する

　動画に「BGM」を付けると、素人感が抜けて、ちょっとかっこいい動画
になります。

　画面左の「音楽とサウンドエフェクト」には、無料で使える「音楽デー
タ」もあるので、まずは試聴して、動画にあった音楽を探してみましょう。

　「BGM」には、「無料版」で使える曲と、「有料版」でしか使えない曲があり
ます。

　曲名のところに、ダイヤモンドのアイコンが付いている曲は有料版用
です。

「+」をクリックすると、「タイムライン」に「BGM」が追加されます。

タイムラインにBGMが追加されました。

曲名の右上にある「…」をクリックすると、詳細画面が出ます。「マルチメディア」への追加もできます。

動画に合わせて「BGM」を切り替える

「BGM」も、「動画」と同じように「トリミング」ができます。

動画が途中で切り替わるので、それに合わせて「BGM」も変えてみましょう。

「動画」のつなぎ目に「シーカー」を置き、「ハサミ」をクリックします。

「BGM」が分割されました。

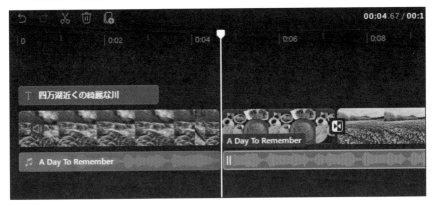

「削除したいクリップ」を選択して、「削除」（ゴミ箱アイコン）をクリックします。

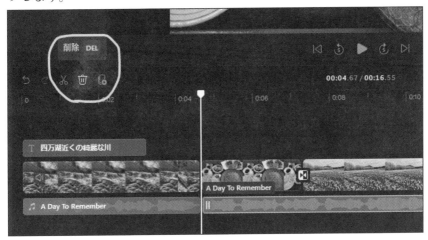

「BGM」の後半が削除されました。

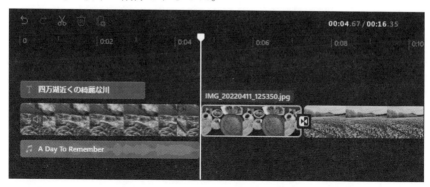

動画にあった「BGM」を選び、「タイムライン」にドラッグ＆ドロップします。

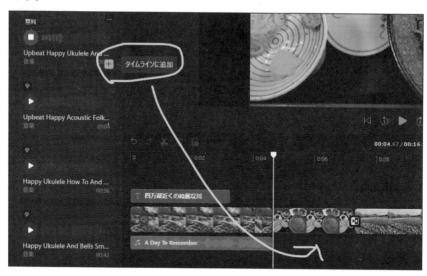

違う曲が、動画の切り替えに合わせて2つ並んでいます。

後ろの「BGM」が長過ぎなので、クリップをドラッグで縮めます。

「音楽クリップ」の前後の「フェードイン」「フェードアウト」を調整しておけば、スムーズに始まり、スムーズに終わることができます。

*

「動画」に、「テキスト」「トランジション」「BGM」「フェード」を付けた状態で再生して、全体的におかしくないか、確認してみましょう。

「タイムライン」の長さを調整する

「動画」が長かったり、「クリップ」が複雑になってきたりすると、「拡大」して「タイムライン」の細部を見たり、「縮小」して全体を見渡したいことがあります。

「タイムライン」右上の「＋」「ー」で、「タイムライン」を「ズームイン」「ズームアウト」できます。

*

[＋]………ズームイン。つなぎ目など、細部を見たいときに拡大します。

[－]………ズームアウト。タイムラインを縮小して、全体を見渡します。

[→←]……画面に合わせてズーム。ブラウザの画面幅に合わせてズームを自動調整します。

プロジェクトを「エクスポート」する

　「タイムライン」の編集が終わったら、動画ファイル（MPEG4）に書き出します。

　再生できる動画ファイルとして、外部に出力することを、「エクスポートする」と言います。

[手順]

[1]プロジェクト画面の右上にある「エクスポート」をクリックします。

[2]「タイムライン」に不備があると警告が出るので、一度戻って確認します。ファイルのつなぎ目に不備があるようでした。

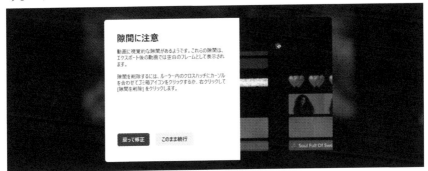

[3]指摘があったクリップのつなぎ目をチェックします。必要があれば、調節します。

　再度、「エクスポート」をクリックし、画質「1080p」をクリックします。

[4]進捗が100％に達すると、次の処理ができます。

　「コンピュータに保存」を選ぶと、「ダウンロード」フォルダに保存されます。

[5]なお、「動画リンクを作成」を選ぶと、「Clipchamp」のサイトに保存され、ブラウザで再生するためのリンクが表示されます。

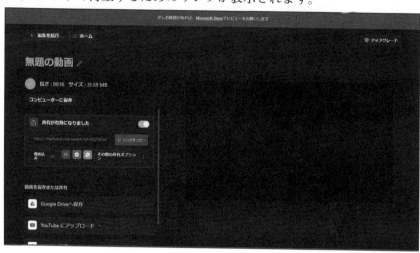

「ダウンロード」フォルダに保存された動画ファイル（MPEG4形式）は、無事再生できました。

7-3　PCの操作を録画する

　「Clipchamp」は、簡単な操作でPCの操作が録画でき、そのまま編集して動画ファイルを作ることができます。

[手順]

[1]「メイン」→「何かを記録する」をクリックします。

　すでに編集画面の状態であれば、左側サイドバーの「録画と作成」をクリックします。

[2]「画面」を選びます。

[3]左下に出てくる「赤い○」ボタンをクリックすると録画が始まります。

[4]「画面全体」「ウインドウ」「タブ」など、どの部分を録画するか決めたら、「共有」をクリックします。ここでは、「ウインドウ」を選んでいます。

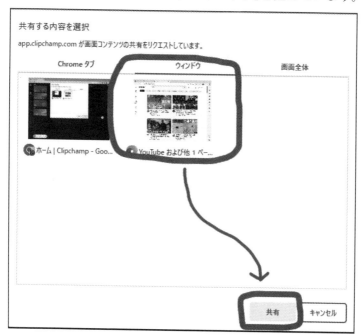

　全体画面はこのように見えていますが、録画されるのは右側のウインドウ（YouTubeのトップページ）だけです。左下に「録画ストップ」ボタンがあります。

[5]録画をストップしたときの画面。「保存して編集」をクリックします。

　　自動的にメディアとしてインポートされ、タイムラインに並べられます。

[6] 録画した動画をざっと流し、「使える部分」「不要な部分」のチェックをします。

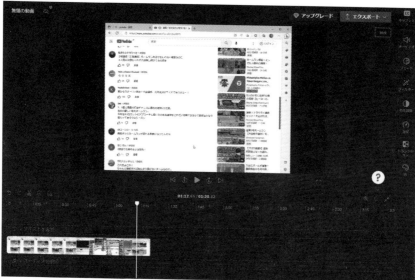

[7]動画を「トリミング」したり、「タイトル」や「サウンド」を追加したり
して編集し、終わったら「エクスポート」をクリックします。

[8]エクスポート作業が終わりました。「コンピュータに保存」だけでは
なく、「リンクURL」を使い動画を共有したり、そのまま「YouTube」など
SNSにアップロードすることもできます。

「YouTube」と連携して、簡単に動画投稿ができます。リンクをコピーして、動画の宣伝をしましょう。

「YouTube」にアクセスすると、作成した動画はちゃんとアップロードできていました。

索 引

索 引

索 引

[著者一覧]

1章	新井克人
2章	大澤文孝
3章	ぼうきち
4章	本間　一
5章	勝田有一朗
6章	清水美樹
7章	東京メディア研究会

質問に関して

●サポートページは下記にあります。
【工学社サイト】http://www.kohgakusha.co.jp/

本書の内容に関するご質問は、

①返信用の切手を同封した手紙

②往復はがき

③ FAX(03)5269-6031

　(ご自宅の FAX 番号を明記してください)

④ E-mail　editors@kohgakusha.co.jp

のいずれかで、工学社編集部宛にお願いします。電話によるお問い合わせはご遠慮ください。

I/O BOOKS

脱・初心者を目指す Windows 活用法
～もう一歩踏み込んだ、「遠隔操作」「仮想マシン」「システム保守と高速化」～

2023 年 4 月 30 日　初版発行　ⓒ 2023

編　集	I/O 編集部
発行人	星　正明
発行所	株式会社工学社
	〒 160-0004
	東京都新宿区四谷 4-28-20 2F
電話	(03)5269-2041(代) ［営業］
	(03)5269-6041(代) ［編集］
振替口座	00150-6-22510

※定価はカバーに表示してあります。

[印刷] (株)エーヴィスシステムズ　　　　　　ISBN978-4-7775-2248-4